This Book
Belongs To

____

____

____

More of my books on amazon are here

amazon.com/author/linapublishing

Scan Me

STEGOSAURUS

TRICERATOPS

CARNOTAURUS

STYRACOSAURUS

DILOPHOSAURUS

VELOCIRAPTOR

PTERODACTYL

GALLIMIMUS

PACHYCEPHALOSAURUS

IGUANODON

CERATOSAURUS

BARYONYX

ALLOSAURUS

SPINOSAURUS

CARCHARODONTOSAURUS

TYRANNOSAURUS

PLESIOSAURUS

DIMETRODON

PROTOCERATOPS

MOMMY!

Spot the 5 differences and color

Spot the 10 differences and color

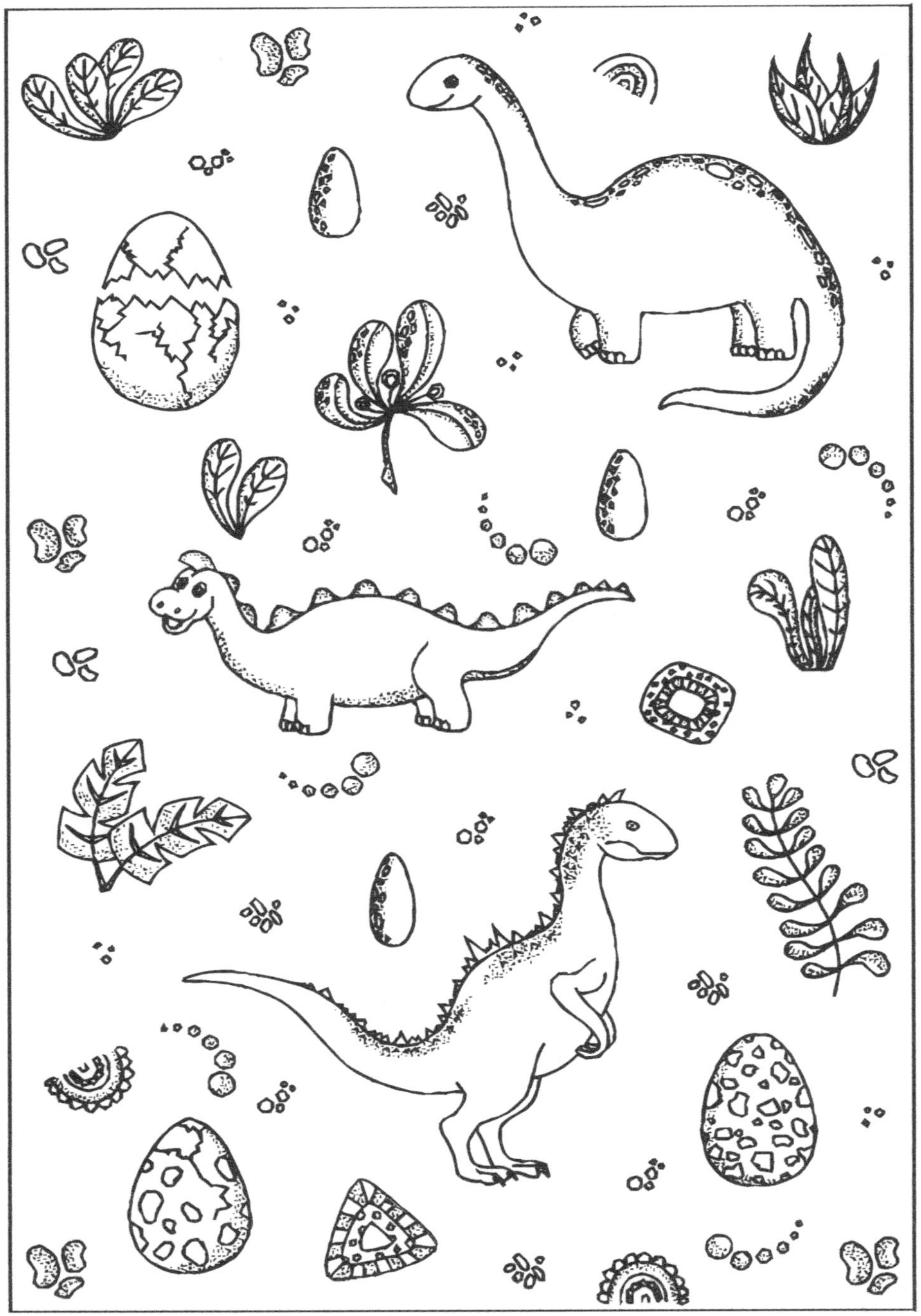

Spot the 10 differences and color

Spot the 10 differences and color

Spot the 10 differences and color

Spot the 10 differences and color

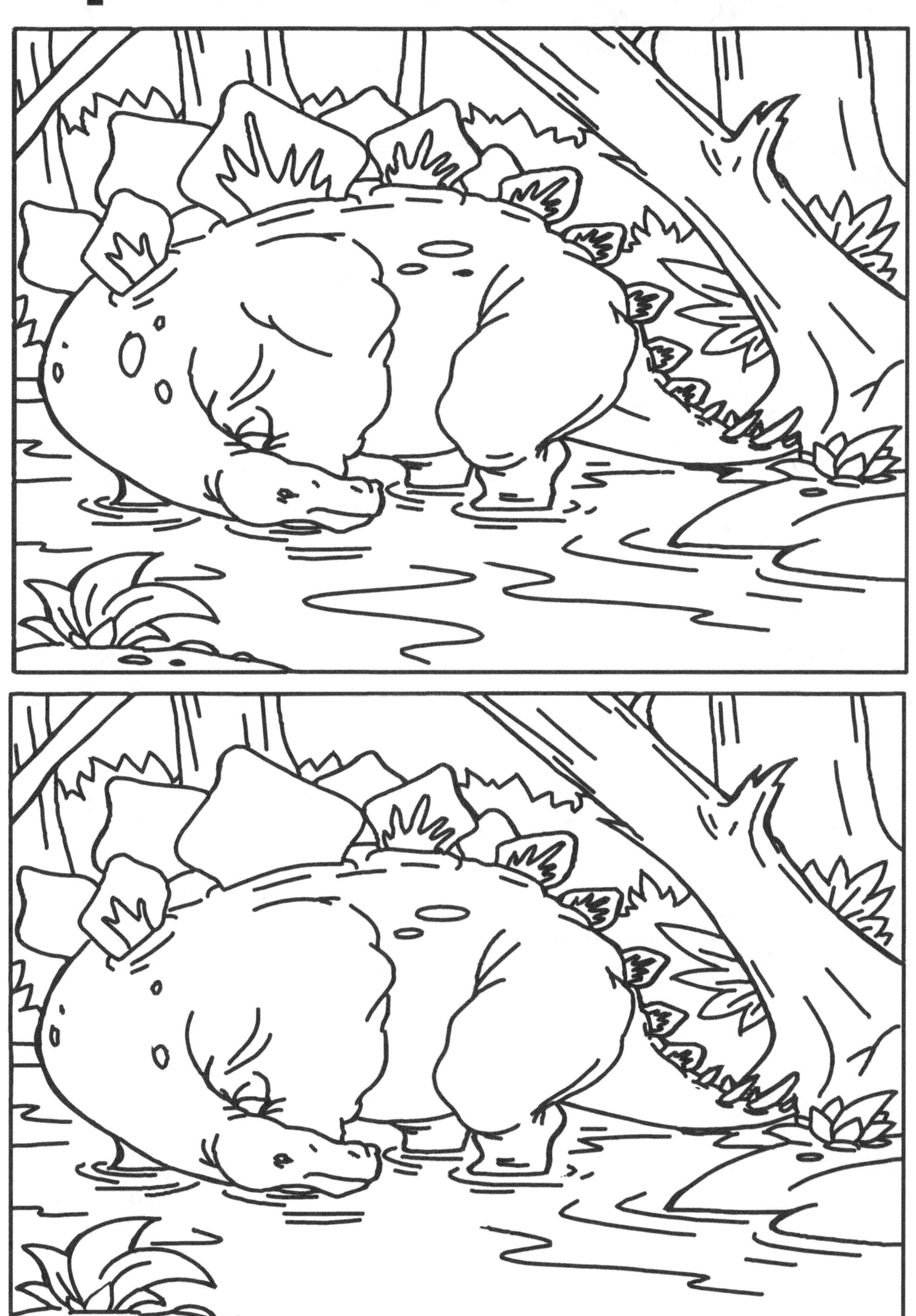

SOLUTIONS

SOLUTIONS

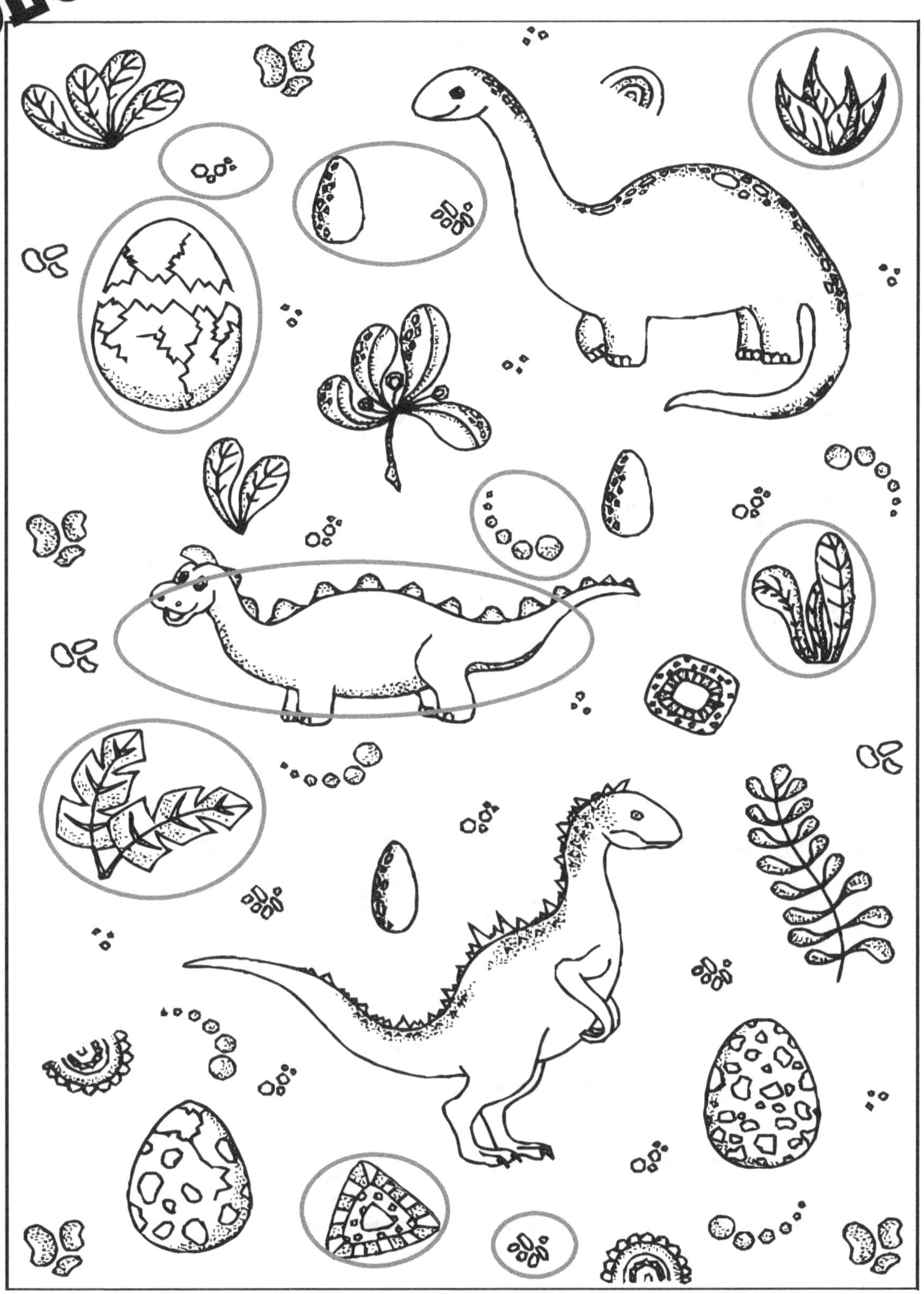

SOLUTIONS

SOLUTIONS

SOLUTIONS

Connect the dots and color

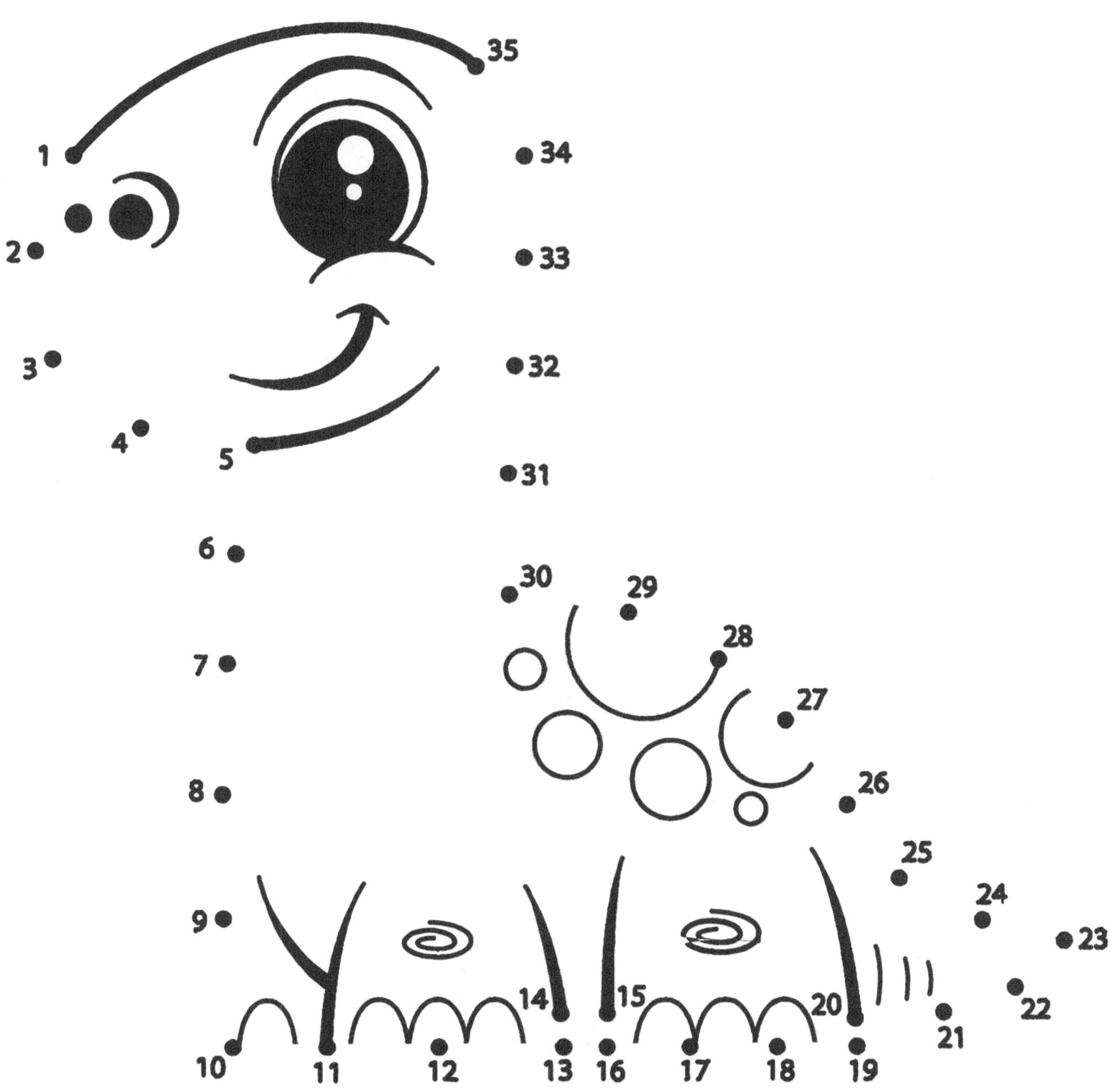

Connect the dots and color

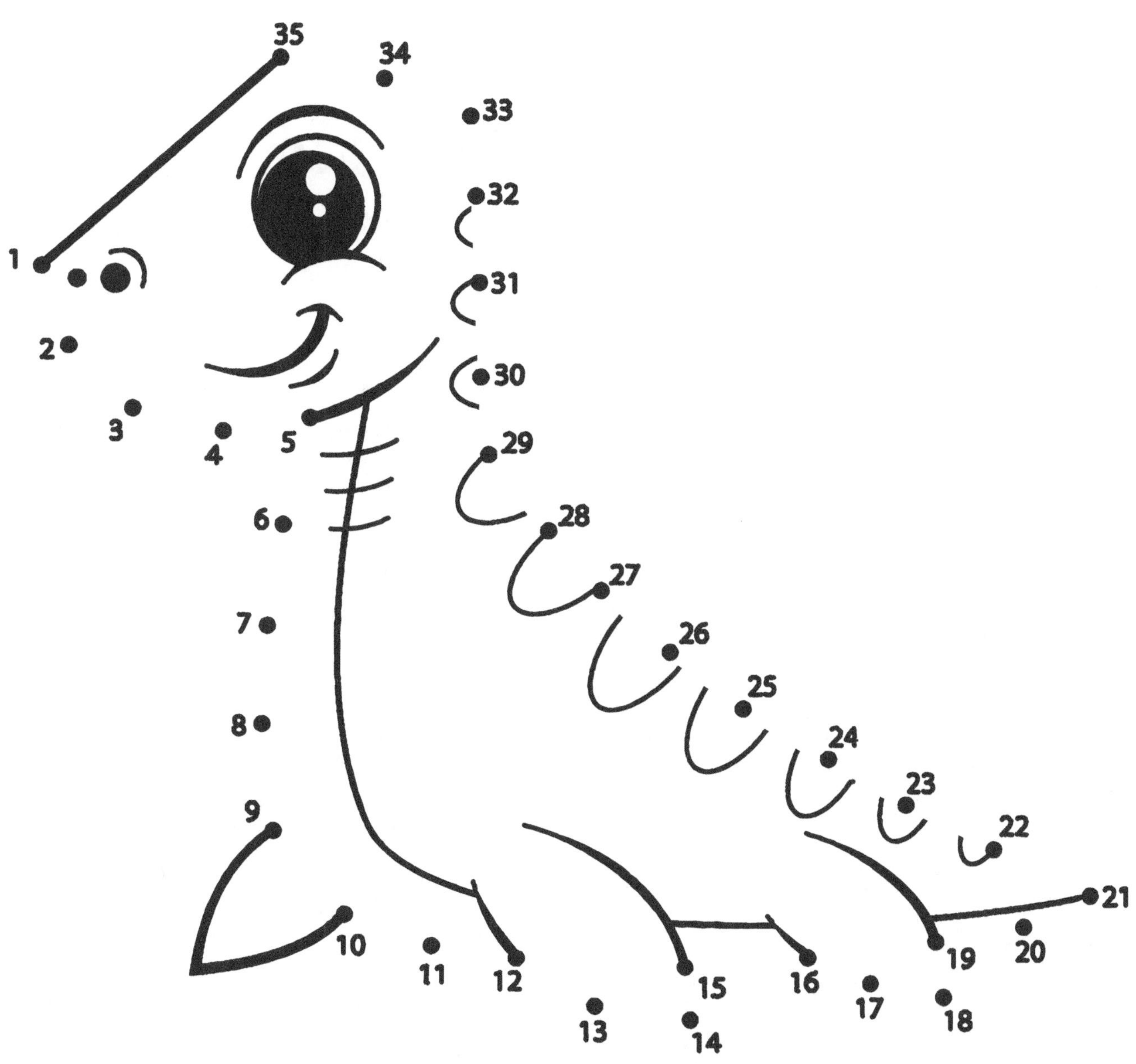

Connect the dots and color

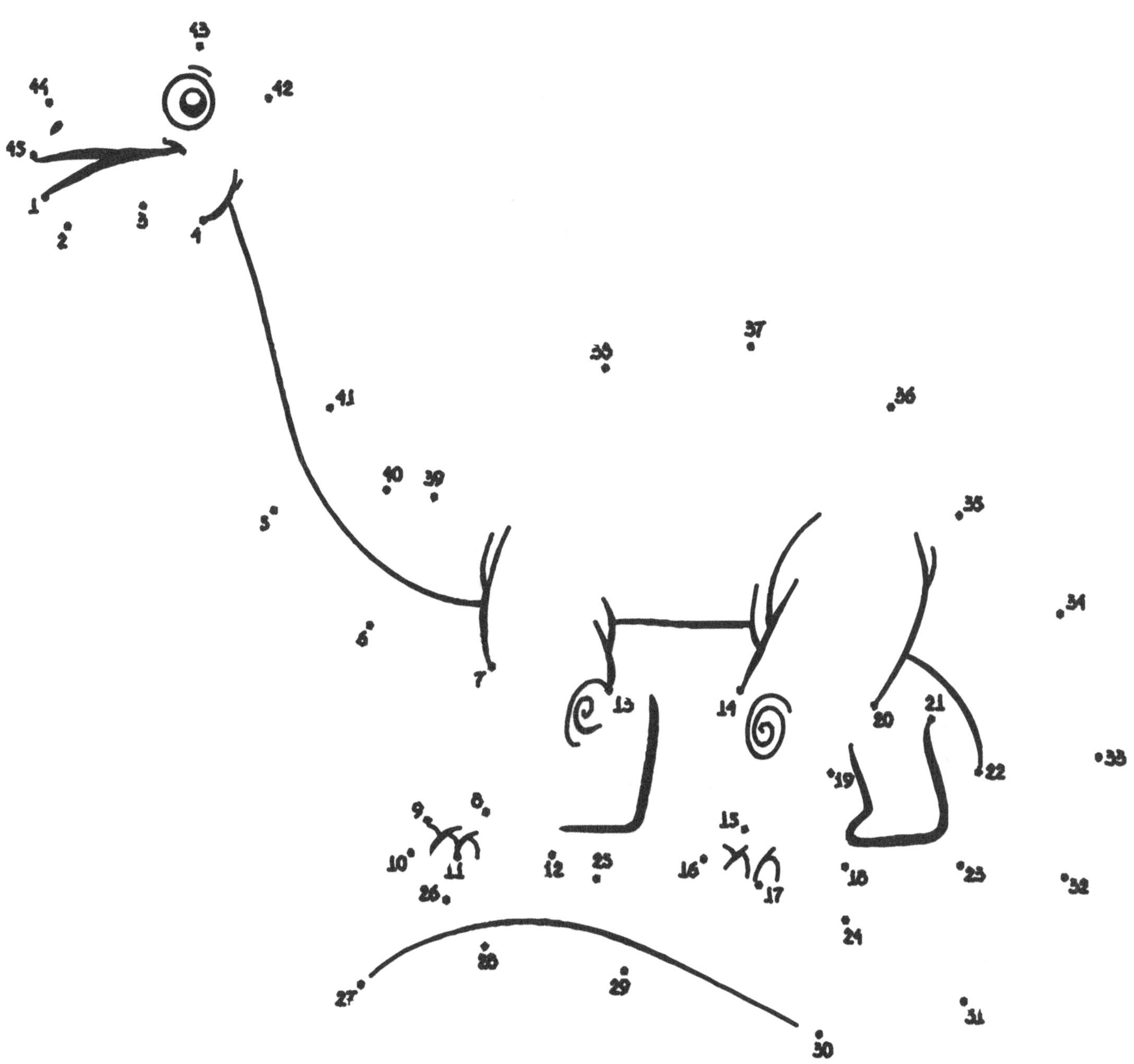

Connect the dots and color

Connect the dots and color

Connect the dots and color

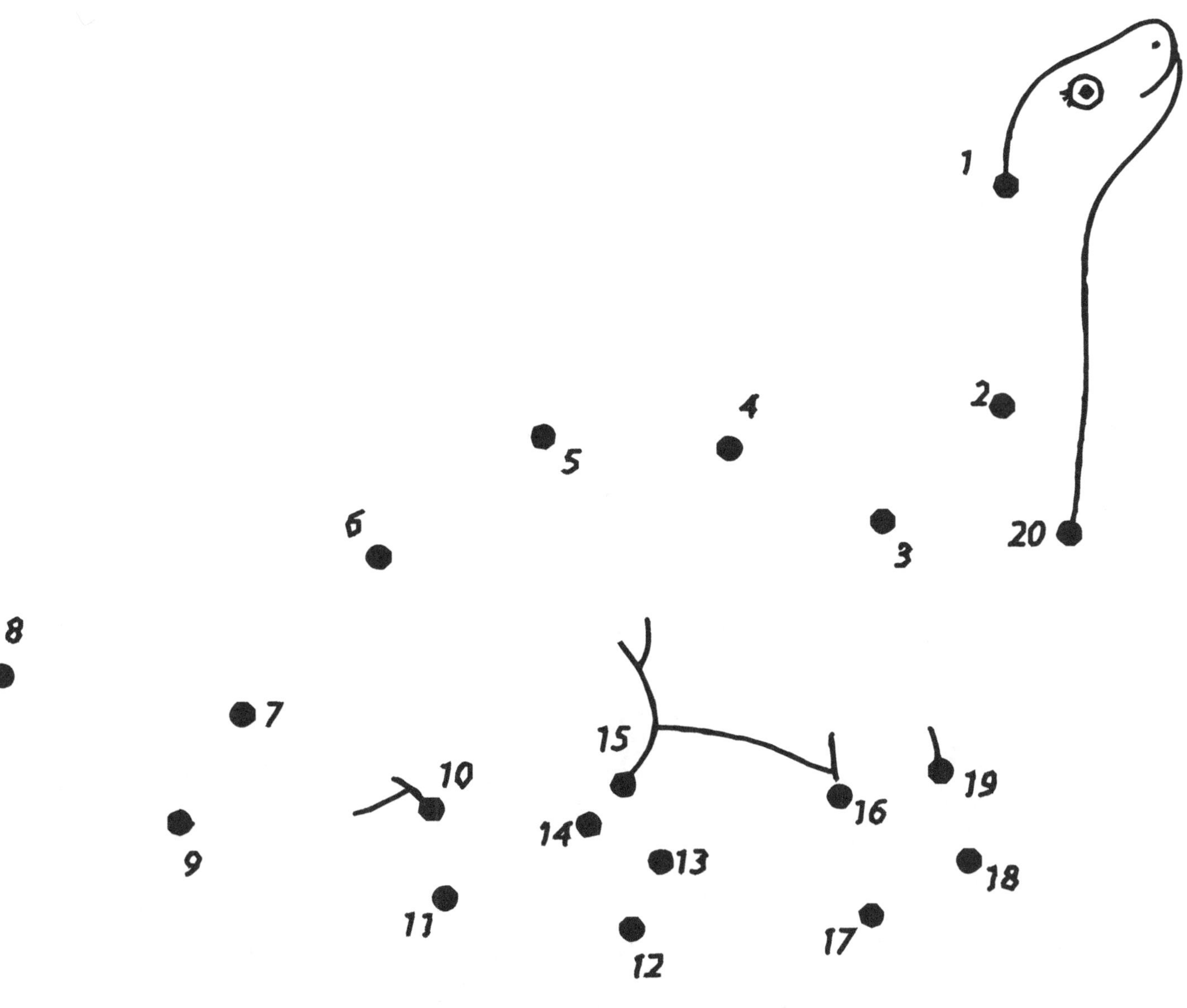

Connect the dots and color

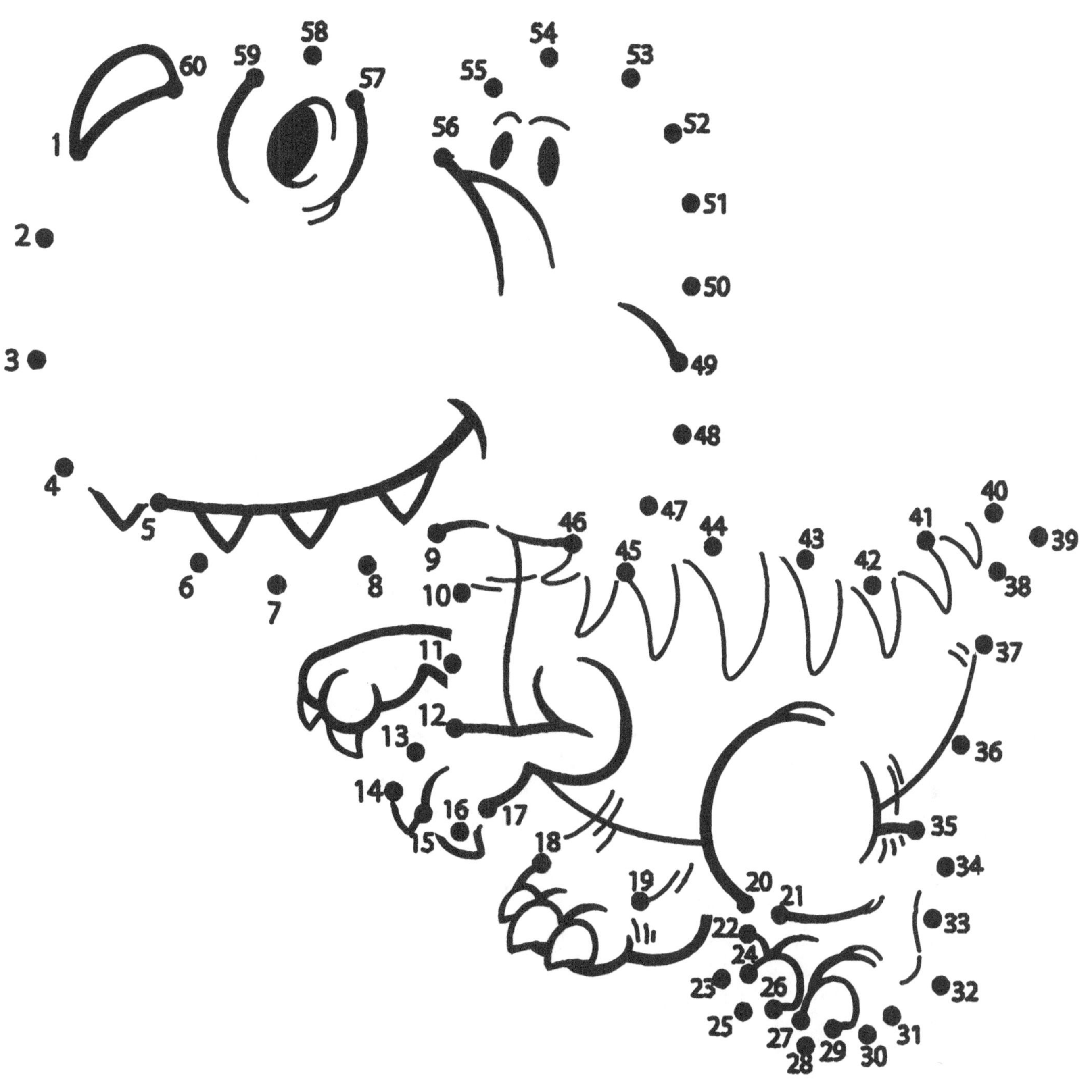

Connect the dots and color

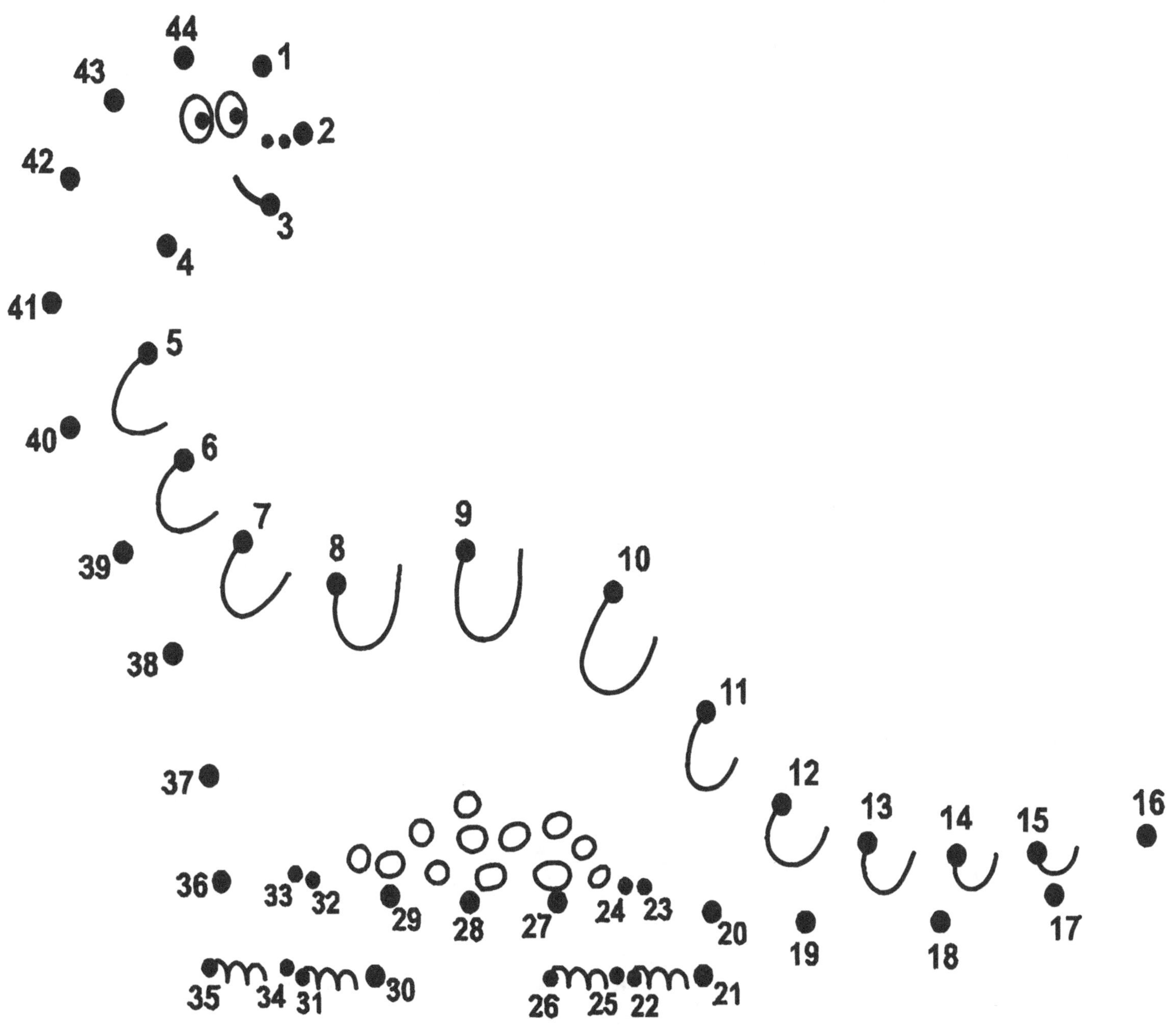

Connect the dots and color

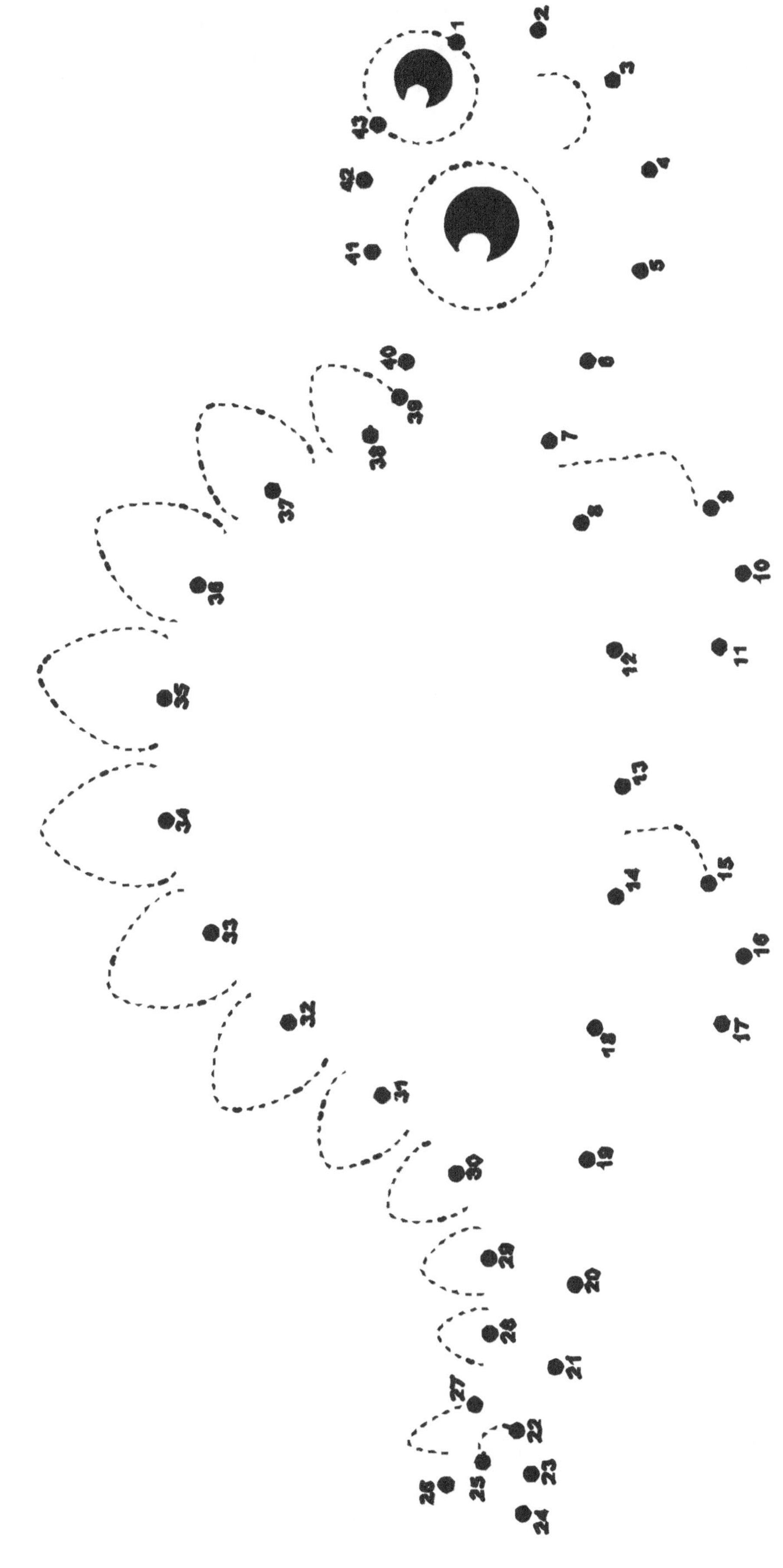

Connect the dots and color

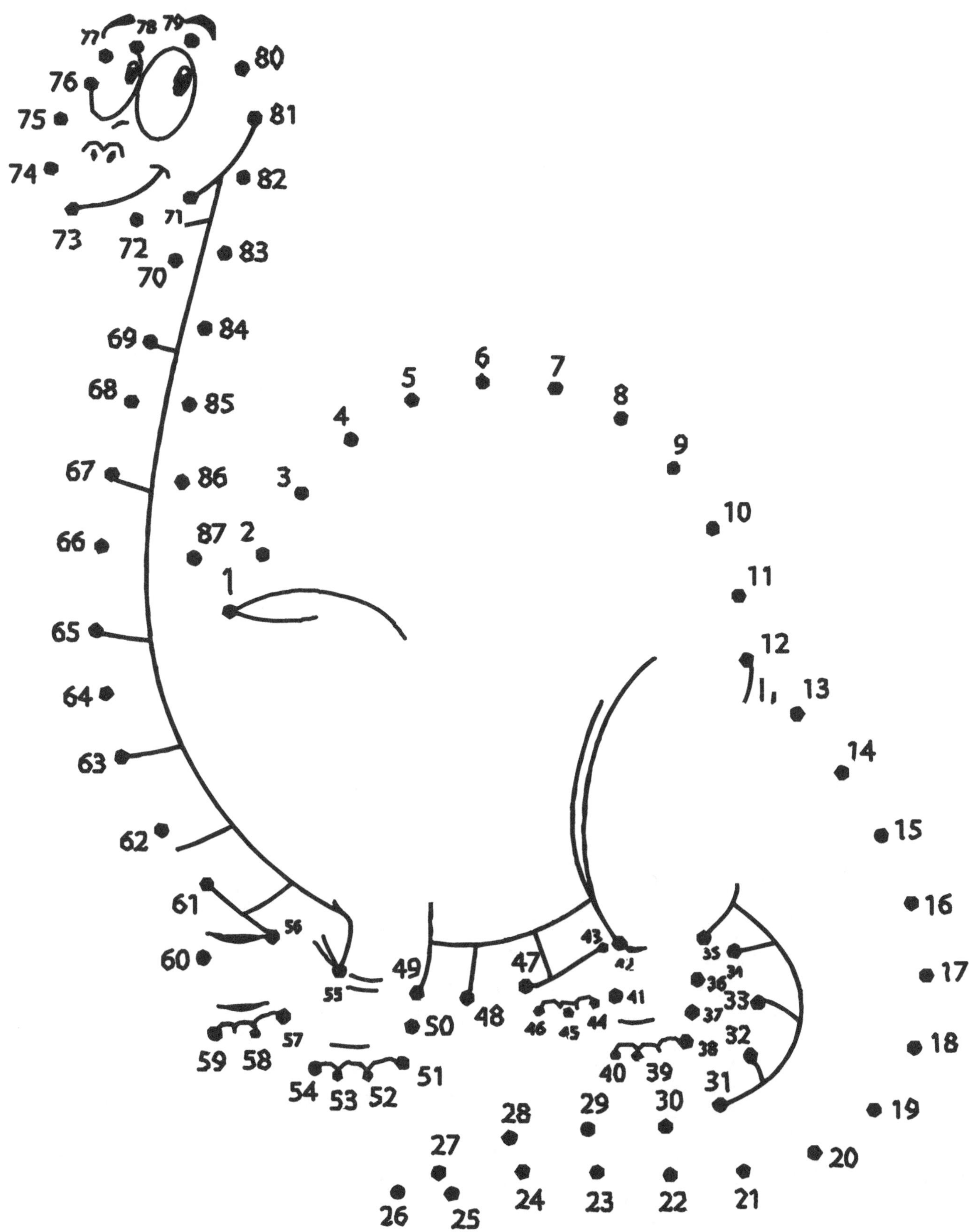

N	M	E	Q	X	S	D	M	S	P	T	U	T	O	V
V	O	L	Y	P	W	L	T	B	Y	F	L	S	G	D
Z	P	I	R	A	E	Y	T	Y	R	O	E	I	F	H
Q	K	E	T	N	V	A	N	J	S	S	H	G	C	V
C	Y	E	R	C	U	P	J	V	P	S	R	O	G	C
C	J	T	E	N	N	L	R	U	H	I	V	L	P	E
A	I	K	Y	H	U	I	R	F	R	L	H	O	I	Q
H	P	D	L	L	U	U	T	V	S	A	O	E	L	W
B	T	T	O	D	A	H	C	X	A	M	S	G	G	M
F	B	F	P	S	F	L	D	U	E	W	Y	S	P	R
C	I	R	O	T	S	I	H	E	R	P	N	F	I	H
P	G	N	Y	P	N	S	K	E	L	E	T	O	N	C
B	I	X	S	I	N	H	S	B	M	D	B	P	K	C
D	I	O	K	N	C	N	A	P	F	E	Z	A	G	H
G	S	D	I	K	R	D	T	E	O	C	H	I	W	X

DINOSAUR	EXTINCTION
FOSSIL	GEOLOGIST
JURASSIC	PREHISTORIC
PREY	SKELETON

A	N	A	V	S	H	T	N	E	N	Z	S	Q	I	F
D	J	O	C	P	E	E	R	O	D	L	Z	P	E	I
K	P	A	I	F	P	O	K	N	A	C	L	Y	P	D
I	R	E	S	T	V	L	N	N	F	V	U	P	P	B
Y	L	C	R	I	C	C	U	Q	N	Z	X	D	T	M
J	I	O	B	I	Y	N	L	U	M	Q	E	R	Y	E
A	W	R	L	V	O	X	I	X	G	P	E	J	Q	E
U	E	Y	N	T	U	D	C	T	T	I	R	D	V	K
H	Z	R	F	S	A	B	Q	S	X	H	O	B	S	Q
F	O	O	T	P	R	I	N	T	G	E	V	O	K	P
S	A	G	Q	R	Z	C	G	Z	A	G	I	N	Y	N
W	U	N	M	C	X	F	S	R	S	I	N	E	Y	N
S	I	S	E	H	T	O	P	Y	H	N	R	S	V	T
M	A	O	G	I	V	I	M	G	M	O	A	U	M	G
Y	Q	F	U	P	H	Q	K	D	J	L	C	F	K	Z

BONES

EXTINCT

HERBIVORE

PERIOD

CARNIVORE

FOOTPRINT

HYPOTHESIS

SCARY

H	U	N	T	I	N	G	T	C	U	H	R	U	U	G
F	F	Q	R	G	L	E	A	J	V	S	L	O	A	D
S	S	T	W	U	E	J	A	P	J	Q	O	C	O	K
P	P	N	B	T	O	B	K	U	R	F	S	A	T	W
J	I	I	H	G	K	Y	G	N	O	R	P	I	Y	M
S	L	R	K	G	Q	C	Y	H	J	N	B	X	U	X
I	I	D	D	E	V	A	Z	F	E	R	O	W	C	Z
X	Z	X	D	P	S	S	K	C	O	R	Z	B	B	E
P	A	O	N	B	O	Y	R	T	Y	Z	T	I	W	T
B	R	Z	R	S	M	T	A	H	N	P	O	X	A	N
V	D	F	C	L	N	D	W	T	N	A	P	O	Q	M
B	U	B	Y	S	E	R	X	Y	Y	C	L	Q	H	U
G	N	S	L	R	Z	S	O	E	L	A	H	U	I	Y
Y	Z	P	P	Q	H	S	F	H	F	U	E	E	S	R
T	L	J	N	V	N	M	Q	M	V	Y	G	R	A	G

FLY
HUNTING
PREDATOR
SPIKES

3

HORNS
LIZARD
ROCKS
TEETH

U	G	W	H	T	V	E	N	N	Z	O	F	A	U	K
M	D	A	G	P	N	G	X	C	D	N	E	Z	A	O
R	Y	V	U	D	O	J	K	W	A	A	H	E	X	Q
A	H	W	C	W	N	B	J	I	H	C	B	K	S	T
Z	P	H	I	E	L	I	A	Y	I	L	E	M	Z	J
C	I	S	S	A	I	R	T	E	Y	O	C	L	A	W
V	G	W	S	S	C	D	G	U	L	V	O	M	Y	D
F	P	R	E	U	H	G	S	R	R	I	S	D	M	D
Y	B	L	M	L	E	K	A	Y	T	N	T	Z	F	W
Y	W	H	N	N	Y	B	M	X	Y	U	G	P	Y	D
L	G	X	G	Q	S	U	Z	V	Q	Y	V	D	E	E
G	O	Q	D	G	E	R	S	R	O	Q	R	S	C	R
P	K	N	Q	C	O	A	U	V	S	M	U	X	O	F
Y	R	V	G	V	Y	K	W	F	T	I	D	Q	B	Y
D	L	K	S	L	S	D	B	B	I	G	H	Y	D	P

BEAK
CLAW
LONG
TRIASSIC

BIRD
EGG
REPTILE
VOLCANO

M	I	D	H	S	P	E	C	T	A	C	U	L	A	R
L	Y	I	R	C	X	W	Y	X	Y	I	S	Q	I	H
A	Z	S	U	O	K	J	G	S	N	Q	X	H	U	D
M	M	A	T	W	C	F	S	V	Y	L	Y	L	E	V
X	J	P	B	E	A	I	A	S	Z	K	R	A	P	G
I	S	P	U	X	R	S	T	Y	L	C	W	T	E	U
I	C	E	H	D	I	I	O	N	X	R	S	V	B	G
C	Q	A	F	O	Q	S	O	R	A	T	E	Y	R	U
E	Z	R	N	Q	O	M	N	U	R	G	L	A	E	K
V	E	L	I	N	E	V	U	J	S	E	I	N	T	Z
Y	G	G	B	I	T	V	R	V	K	S	A	G	S	Y
N	U	O	K	N	H	N	Q	O	S	U	J	V	N	Z
C	F	E	A	K	S	F	G	K	H	A	M	A	O	U
Q	N	I	N	N	Z	B	H	K	C	Q	Y	P	M	H
X	G	T	J	Q	E	H	B	V	Y	H	O	D	X	V

DISAPPEAR　　**5**　　**GIANT**
GIGANTIC　　**INVASION**
JUVENILE　　**MONSTER**
MYSTERIOUS　　**SPECTACULAR**

SOLUTIONS

N	M	E	Q	X	S	D	M	S	P	T	U	T	O	V		
V	O	L	Y	P	W	L	T	B	Y	F	L	S	G	D		
Z	P	I	R	A	E	Y	T	Y	R	O	E	I	F	H		
Q	K	E	T	N	V	A	N	J	S	S	H	G	C	V		
C	Y	E	R	C	U	P	J	V	P	S	R	O	G	C		
C	J	T	E	N	N	L	R	U	H	I	V	L	P	E		
A	I	K	Y	H	U	I	R	F	R	L	H	O	I	Q		
H	P	D	L	L	U	U	T	V	S	A	O	E	L	W		
B	T	T	O	D	A	H	C	X	A	M	S	G	G	M		
F	B	F	P	S	F	L	D	U	E	W	Y	S	P	R		
C	I	R	O	T	S	I	H	E	R	P	N	F	I	H		
P	G	N	Y	P	N	S	K	E	L	E	T	O	N	C		
B	I	X	S	I	N	H	S	B	M	D	B	P	K	C		
D	I	O	K	N	C	N	A	P	F	E	Z	A	G	H		
G	S	D	I	K	R	D	T	E	O	C	H	I	W	X		

DINOSAUR   EXTINCTION

FOSSIL   GEOLOGIST

JURASSIC   PREHISTORIC

PREY   SKELETON

SOLUTIONS

A	N	A	V	S	H	T	N	E	N	Z	S	Q	I	F
D	J	O	C	P	E	E	R	O	D	L	Z	P	E	I
K	P	A	I	F	P	O	K	N	A	C	L	Y	P	D
I	R	E	S	T	V	L	N	N	F	V	U	P	P	B
Y	L	C	R	I	C	C	U	Q	N	Z	X	D	T	M
J	I	O	B	I	Y	N	L	U	M	Q	E	R	Y	E
A	W	R	L	V	O	X	I	X	G	P	E	J	Q	E
U	E	Y	N	T	U	D	C	T	T	I	R	D	V	K
H	Z	R	F	S	A	B	Q	S	X	H	O	B	S	Q
F	O	O	T	P	R	I	N	T	G	E	V	O	K	P
S	A	G	Q	R	Z	C	G	Z	A	G	I	N	Y	N
W	U	N	M	C	X	F	S	R	S	I	N	E	Y	N
S	I	S	E	H	T	O	P	Y	H	N	R	S	V	T
M	A	O	G	I	V	I	M	G	M	O	A	U	M	G
Y	Q	F	U	P	H	Q	K	D	J	L	C	F	K	Z

BONES

EXTINCT

HERBIVORE

PERIOD

2 **CARNIVORE**

FOOTPRINT

HYPOTHESIS

SCARY

SOLUTIONS

SOLUTIONS

U	G	W	H	T	V	E	N	N	Z	O	F	A	U	K
M	D	A	G	P	N	G	X	C	D	N	E	Z	A	O
R	Y	V	U	D	O	J	K	W	A	A	H	E	X	Q
A	H	W	C	W	N	B	J	I	H	C	B	K	S	T
Z	P	H	I	E	L	I	A	Y	I	L	E	M	Z	J
C	I	S	S	A	I	R	T	E	Y	O	C	L	A	W
V	G	W	S	S	C	D	G	U	L	V	O	M	Y	D
F	P	R	E	U	H	G	S	R	R	I	S	D	M	D
Y	B	L	M	L	E	K	A	Y	T	N	T	Z	F	W
Y	W	H	N	N	Y	B	M	X	Y	U	G	P	Y	D
L	G	X	G	Q	S	U	Z	V	Q	Y	V	D	E	E
G	O	Q	D	G	E	R	S	R	O	Q	R	S	C	R
P	K	N	Q	C	O	A	U	V	S	M	U	X	O	F
Y	R	V	G	V	Y	K	W	F	T	I	D	Q	B	Y
D	L	K	S	L	S	D	B	B	I	G	H	Y	D	P

BEAK
CLAW
LONG
TRIASSIC

BIRD
EGG
REPTILE
VOLCANO

SOLUTIONS

M	I	D	H	S	P	E	C	T	A	C	U	L	A	R
L	Y	I	R	C	X	W	Y	X	Y	I	S	Q	I	H
A	Z	S	U	O	K	J	G	S	N	Q	X	H	U	D
M	M	A	T	W	C	F	S	V	Y	L	Y	L	E	V
X	J	P	B	E	A	I	A	S	Z	K	R	A	P	G
I	S	P	U	X	R	S	T	Y	L	C	W	T	E	U
I	C	E	H	D	I	I	O	N	X	R	S	V	B	G
C	Q	A	F	O	Q	S	Q	R	A	T	E	Y	R	U
E	Z	R	N	Q	O	M	N	U	R	G	L	A	E	K
V	E	L	I	N	E	V	U	J	S	E	I	N	T	Z
Y	G	G	B	I	T	V	R	V	K	S	A	G	S	Y
N	U	O	K	N	H	N	Q	O	S	U	J	V	N	Z
C	F	E	A	K	S	F	G	K	H	A	M	A	O	U
Q	N	I	N	N	Z	B	H	K	C	Q	Y	P	M	H
X	G	T	J	Q	E	H	B	V	V	Y	H	O	D	X	V

DISAPPEAR   **5**   **GIANT**

GIGANTIC   **INVASION**

JUVENILE   **MONSTER**

MYSTERIOUS   **SPECTACULAR**